IMPURE ACTS

ALSO BY ÁNGELO NÉSTORE

AS POET

Adán o nada, BANDAÀPARTE EDITORES

AS TRANSLATOR

Nadie me dijo by Hollie McNish, LA SEÑORA DALLOWAY

Torpedo 1972 by E. Sánchez Abulí, PANINI COMICS

Hombre—L'integrale by A. Segura and J. Ortiz, PANINI COMICS

Torpedo 1936 by E. Sánchez Abulí, PANINI COMICS

I sorrisi di Bombay by Susanna Martín, PANINI COMICS

L'impronta di Lorca by C. Hernández and El Torres, PANINI COMICS

Alice nel mondo reale by I. Franc and S. Martín, PANINI COMICS

Occupante by Andreu Martín, PANINI COMICS

Cuánto dura quanto by María Eloy-García, LUPO EDITORE

ALSO BY LAWRENCE SCHIMEL

AS POET

Deleted Names, A MIDSUMMER NIGHT'S PRESS

Fairy Tales for Writers, A MIDSUMMER NIGHT'S PRESS

Desayuno en la cama, EDITORIAL EGALES

AS TRANSLATOR

Destruction of the Lover by Luis Panini, PLEIADES PRESS

Correspondences: An Anthology of Contemporary Spanish LGBT Poetry,
  EDITORIAL EGALES

Bomarzo by Elsa Cross, SHEARSMAN BOOKS

*I'd ask you to join me by the Río Bravo and weep but you should know neither tears
  nor river remain* by Jorge Humberto Chávez, SHEARSMAN BOOKS

Dissection by Care Santos, A MIDSUMMER NIGHT'S PRESS

Nothing is Lost: Selected Poems by Jordi Doce, SHEARSMAN BOOKS

IMPURE ACTS
ÁNGELO NÉSTORE

Translated by Lawrence Schimel

English translation © 2019 by Lawrence Schimel.
Actos impuros © 2017 by Ángelo Néstore.
This edition © 2019 by Indolent Books.
Cover artist: Martín de Arriba
book design: adam b. bohannon
Book editor: Samantha Pious
Published by Indolent Books,
an imprint of Indolent Arts Foundation, Inc.

Esta edición norteamericana del libro *Actos impuros* de Ángelo Néstore, Premio de Poesía Hiperión 2017, ha sido posible gracias a la gentileza de Ediciones Hiperión, Madrid, España.

This North American edition of *Actos impuros*, by Ángelo Néstore, winner of the Hiperión Poetry Prize in 2017, has been made possible thanks to the generosity of Ediciones Hiperión in Madrid, Spain.

Special thanks to Epic Sponsor Megan Chinburg for helping to fund the production of this book.

www.indolentbooks.com
Brooklyn, New York
ISBN: 978-1-945023-23-1

Con Martín, hasta el último acto

With Martin, until the last act

CONTENTS

I. El cuerpo casi / The Body Almost
>   *E io chi sono?* 6
>   *E io chi sono?* 7
>
>   Si mi padre me dice 8
>   If My Father Tells Me 9
>
>   Monstruo 10
>   Monster 11
>
>   Comunión 12
>   Communion 13
>
>   Incendio 14
>   Blaze 15
>
>   Apocalipsis masculino 16
>   Male Apocalypse 17
>
>   De cuando me equivoqué de bar 18
>   When I Picked the Wrong Bar 19

II. Los pelícanos mueren de hambre / Pelicans Die of Hunger
>   Si mi madre entendiera castellano y leyera mis poemas 24
>   If My Mother Understood Spanish and Read My Poems 25
>
>   Los pelícanos mueren de hambre por ceguera 26
>   Pelicans Die of Hunger from Blindness 27
>
>   El Estado soy yo 28
>   I Am the State 29
>
>   Agripina 30
>   Agrippina 31
>
>   Museo 32
>   Museum 33
>
>   Minotauro, *une digressione* 34
>   Minotaur, *Una Digressione* 35

III. Hija imaginada / Imagined Daughter

    Un geranio 38
    A Geranium 39

    Si pudiera hablar de ti 40
    If I Could Speak About You 41

    Si mi hija tuviese nombre 42
    If My Daughter Had a Name 43

    Canción a una hija 44
    Song for a Daughter 45

    Un padre y su hija en el salón de una casa en las afueras 46
    A Father and His Daughter in the Living Room of a House in the Suburbs 47

    Tanatorio 50
    Funeral Home 51

IV. Cantos a una cuna vacía / Songs to an Empty Crib

    Una casa más grande 54
    A Larger House 55

    Catorce cincuenta y cinco 56
    Fourteen Fifty-Five 57

    El prospecto 58
    Directions for Use 59

    Éxtasis 60
    Ecstasy 61

Notes 65
Acknowledgments 67
About the Author 69
About the Translator 69
About Indolent Books 70

IMPURE ACTS

ACTOS IMPUROS

Vorrei morire a testa in giù perché io sono un invertito. Ecco, bisogna invertire il senso della finzione. E l'idea della morte. E dunque invertiamo la vita. Tutto. Tutto. Tutto.

—NICHI VENDOLA

I'd like to die upside down because I'm inverted. Yes, one must invert the orientation of the story. And the idea of death. Then, let's invert life. Everything. Everything.

—NICHI VENDOLA

I. EL CUERPO CASI

Soy un monstruo.
Erika Martínez

Cuando dios se olvide de mi cuerpo
de cada desafiante ojo brotará un árbol
que colgará como un fruto.
e. e. cummings (trad. José Casas)

I. THE BODY ALMOST

I am a monster.
Erika Martínez

When god lets my body be
from each brave eye shall sprout a tree
fruit that dangles therefrom.
e. e. cummings

E io chi sono?

Por la mañana abandono mi sexo.
Al atardecer vuelvo
cuando me desnudo para entrar en la ducha.

Mi madre siempre dice que tengo los hombros de mi padre.
Con el vaho en el espejo el contorno es más ancho, más
    generoso.
Dibujo una línea recta con los dedos, con la mano la deshago.

En los ojos guardo la tristeza de las muñecas
que jugaron a ser hijas
y que mis padres acabaron regalando.
El agua fría me trae a mi cuerpo,
escondo el pene entre las piernas.

Mamá, ¿a quién me parezco?

E io chi sono?

In the morning, I abandon my sex.
At sunset I return
when I strip to enter the shower.

My mother always says I have my father's shoulders.
With the mirror fogged with steam, my silhouette is broader, more
    lavish.
I draw a straight line with my fingers, wipe it out with my hand.

My eyes hold the sadness of the dolls
who played at being daughters,
which my parents wound up giving away.
The cold water brings me to my body,
I hide my penis between my legs.

Mama, who do I look like?

Si mi padre me dice

Si mi padre me dice: *Sé un hombre*
yo me encojo como una larva,
clavo el abdomen bajo el anzuelo.

Blando, como un molusco sin concha,
me siento desmantelado, aguanto el tipo.

Me pregunto entonces
de qué sirve haber aprendido cuatro idiomas
si las palabras no se oyen bajo el agua,
si solo sé escribir poemas.

If My Father Tells Me

If my father tells me: *Be a man*,
I shrivel like a grub,
stick my belly on the fishhook.

Soft, like some mollusk without its shell,
I feel dismantled, keep my cool.

I then ask myself
what use was learning four languages
if words can't be heard beneath the water,
if I only know how to write poems.

Monstruo

Deseo levantar sospechas,
que los hombres me griten en la calle,
quiero pasear por centros comerciales, parques públicos
y que madres como mi madre levanten y bajen la mirada
y luego, mientras preparan la cena para sus hijos,
les asalte brevemente el recuerdo de una raza nueva de hombres.

Monster

I want to raise suspicions,
have men shout at me in the street,
I want to wander through malls, public parks,
and for mothers like my own to get up and lower their gazes
and later, as they prepare dinner for their children,
to be briefly assaulted by the memory of a new race of men.

Comunión

Todos los días un torno de hierro
me detiene a la entrada del gimnasio.
El cristal insonorizado hace del local un escaparate.
Desde este lado observo a un hombre rubio, afeitado,
con corte militar y camiseta verde sin mangas.
Lleva una vanidad sofisticada en el flequillo
y pantalones anchos, que dejan intuir un vello púbico dorado.
El chico da un sorbo a su batido de proteínas
y coloca sobre los hombros el peso de la masculinidad que lo reclama.

Me gustaría saber qué está pensando
mientras dobla las rodillas teatralmente.
Cuántas veces contará hasta diez.
Si le duelen los brazos, la espalda.
Quién es la mujer que lo espera en casa.

El chico rubio alza el rostro, extenuado.
Me excita el sudor de su barbilla,
la franqueza de las gotas que mojan la toalla.
Me imagino cruzando el umbral que nos separa.
Abro la boca debajo de su barbilla, saco la lengua,
como un niño arrodillado en el altar.

Communion

Every day an iron turnstile
stops me at the gym's entrance.
The soundproofed glass turns the place into a showcase.
From this side I watch a blond man, clean-shaven,
with a military buzz cut and a sleeveless green shirt.
He has a sophisticated vanity with his quiff
and wide pants, which let one deduce golden pubic hair.
The guy takes a sip of his protein shake
and places on his shoulders the weight of masculinity that calls him.

I'd like to know what he's thinking
as he bends his knees theatrically.
How many times he'll count to ten.
Whether his arms, his back ache.
The identity of the woman waiting for him at home.

The blond boy looks up, exhausted.
I'm turned on by the sweat on his chin,
the candor of those beads soaking his towel.
I imagine myself crossing the threshold that separates us.
I open my mouth beneath his chin and stick out my tongue,
like a child kneeling before the altar.

Incendio

Como quien cambia de sitio los muebles de la casa,
buscando algo de sosiego,
así me dispongo a quemar los puentes
que sostienen todo lo que supe en masculino.
Con el corazón fui incendiario, aticé el fuego,
    te iluminé el camino,
me senté a esperar, pero no venías.
Y mientras el edificio gigante ardía yo solo era capaz de ver la luz
en el futuro incierto de las cenizas.

He honrado al padre hasta que se volvió mi íntimo enemigo
y de pequeño me senté siempre donde me correspondía,
los pies juntos, hacia ningún lado.
Ahora soy yo el padre que pone la mesa para los dos,
aunque no estés,
quien friega a diario tus platos limpios, nunca usados.

Y como el incendiario que se dispone a quemar los puentes,
buscando algo de sosiego,
vuelvo a cambiar de sitio los muebles de la casa.

Blaze

Like rearranging the furniture of one's home,
searching for some peace,
that's how I prepare to burn the bridges
that uphold everything I knew as manly.
With my heart I was inflammatory, I stoked the flames,
    I illuminated the path for you,
sat down to wait, but you didn't come.
And as the enormous building burned only I was able to see the light
in the uncertain future of its ashes.

I've honored my father until he became my intimate enemy
and as a boy I always sat where I was supposed to,
with my legs together, not toward either side.
Now I'm the father who sets the table for two,
although you're not here,
who every day scrubs your clean, unused plates.

And like the arsonist who prepares to burn the bridges,
searching for some peace,
I rearrange the furniture of my home once more.

Apocalipsis masculino

El mundo vuelto del revés:
las vísceras por fuera,
el pene y los testículos escondidos en el pecho.

Male Apocalypse

The world turned inside out:
entrails exposed,
penis and testicles hidden inside the chest.

De cuando me equivoqué de bar

Yo soy de esa clase de amigos
que siempre pide otra ronda en los bares.
No tengo hijos,
soy el hijo único de una dinastía de bastardos
que se llena el estómago y se autodestruye.

Mis amigos, sin embargo, son padres,
de esos que buscan una excusa para volver tarde a casa,
siempre me invitan a otra,
nunca quieren que me vaya.

Ellos me miran y cien veces
me cuentan cien veces lo difícil que es
la suerte que yo.
Ellos no ven las hormigas que trepan por mi pierna,
no las ven.
Beben tiempo con su boca de padres,
tragan tiempo con su saliva de padres
y yo me vuelvo cada vez más pequeño
y sus hijos cada vez más grandes.
Y con cuarenta, con cincuenta,
volveré al mismo bar de la esquina
y entonces los que hoy son niños se preguntarán por qué
tantas hormigas en mi boca,
por qué el amigo de sus padres se sigue creyendo joven.

Con cincuenta, con sesenta,
quién me llevará a casa,
quién guardará mis huesos bajo las sábanas.
Con sesenta, quizás, con setenta
quién contestará a mis preguntas,

When I Picked the Wrong Bar

I'm that type of friend,
always ordering another round in bars.
I have no children,
am the only son of a long line of bastards
who eat their fill and self-destruct.

My friends, however, are fathers,
the kind that hunt for any excuse to come home late,
they always stand me another drink,
never want me to go.

They look at me and a hundred times
they tell me how hard it is,
how lucky I am.
They don't see the ants climbing up my leg,
they don't see them.
They drink time with their fatherly mouths,
they swallow time with their fatherly saliva,
and every day I become increasingly smaller
and their children increasingly bigger.
And at forty, at fifty,
I'll return to the same corner bar
and then those who are kids today will wonder why
there are so many ants in my mouth,
why their fathers' friend still thinks he's young.

At fifty, at sixty,
who will bring me home,
who will tuck my bones beneath the sheets.
At sixty, perhaps, at seventy
who will answer my questions,

quién me dirá lo difícil que es,
la suerte que yo
cuando un día me confunda y pida otra ronda
frente a la sola luz de mi nevera.

who will tell me how difficult it is,
how lucky I am
when one day I get confused and order another round
before the lone light of my refrigerator.

II. LOS PELÍCANOS MUEREN DE HAMBRE

Serán las madres las que digan «Basta».
Ángela Figuera Aymerich

Soy la hija de la hora del bocadillo.
Luisa Castro

II. PELICANS DIE OF HUNGER

It will be the mothers who say: "Enough."
Ángela Figuera Aymerich

I am the daughter of the lunchbreak.
Luisa Castro

Si mi madre entendiera castellano y leyera mis poemas

Si mi madre supiera que su hijo quiere ser madre
cogería el primer vuelo para España.
Encogería las piernas,
se amputaría los brazos,
se partiría la columna,
engulliría una a una sus muelas
y sus sesenta años.
Se haría cada vez más pequeña,
se inventaría un idioma,
balbucearía de nuevo
para ser mi hija.

If My Mother Understood Spanish and Read My Poems

If my mother knew her son wants to be a mother
she'd catch the first plane to Spain.
Her legs would shrink,
she'd amputate her arms,
break her spine in two,
swallow her molars one by one
and her sixty years.
She'd become increasingly smaller,
she'd invent a language,
babbling once more
to be my daughter.

Los pelícanos mueren de hambre por ceguera
A la pescadera Muriel

Los pelícanos mueren de hambre por ceguera.
A tal velocidad sumergen el pico en el agua
para alimentar a sus crías
que el ojo se va dañando hasta que se quedan ciegos y mueren.

En un supermercado
una mujer empuja con dificultad el carro de la compra,
se detiene ante el mostrador de la pescadería,
se coloca sus gafas progresivas.

Intuyo su afán de vida
cuando le dice a la pescadera
medio kilo de lubinas para las niñas
y veo en ella la velocidad del ave que abre las alas,
cae en picado
—los ojos sangrando—
y guarda en su bolsa una lubina.

Un pelícano con gafas progresivas,
una señora con un pescado entre los dientes—
son todas las madres que no soy y que me observan,
que extraen conclusiones *sottovoce*,
que miran con cierta desazón
la aridez deforme de mi boca estéril.

Pelicans Die of Hunger from Blindness

To the fisherwoman, Muriel

Pelicans die of hunger from blindness.
They plunge their beaks into the water at such speeds
to feed their chicks
that their eyes become damaged until they wind up blind and die.

In a supermarket,
a woman pushes her shopping cart with difficulty,
stops before the fish counter,
adjusts her progressive lenses.

I sense her yearning for life
when she tells the fishmonger
half a kilo of sea bass for the girls
and I see in her the speed of a bird that spreads its wings,
plummets
(its eyes bleeding)
and tucks away in her bag a sea bass.

A pelican with progressive lenses,
a woman with a fish between her teeth—
they're all the mothers I'm not and who watch me,
coming to *sotto voce* conclusions,
staring with a certain unease
at the misshapen dryness of my sterile mouth.

El Estado soy yo

Una mañana, tras un sueño intranquilo.
   FRANZ KAFKA, *trad.* JORGE L. BORGES

Una mujer escucha el llanto de su bebé.
Da un salto en la cama.
Se desabrocha con un gesto animal la camisa
para alimentar a su recién nacido.
De pronto le duele el pecho izquierdo.
Porque todo hombre nace con dos incisivos
y una sed abierta de poder, como Luis XIV.

En un foro público para jóvenes madres inexpertas
formula una pregunta sobre el dolor.
Alguien le habla de una infección por hongos, de congestión primaria.
Le recomiendan una ducha caliente,
vaciar los senos con extractores manuales.

La mujer al fin se duerme sobre el teclado,
sueña con una mantis religiosa
a punto de devorar al macho y a sus crías.

Un llanto la despierta.

I Am the State

One morning, after a troubled dream.
    FRANZ KAFKA

A woman hears her baby crying.
She leaps from the bed.
With animal instinct she unbuttons her shirt
to nourish her newborn.
Suddenly her left breast aches.
Because every man is born with two incisors
and an open thirst for power, like Louis XIV.

In an open forum for inexperienced mothers
she asks a question about the pain.
Someone tells her about a fungal infection, of breast engorgement.
They recommend a hot shower,
emptying her breasts with manual pumps.

In the end, the woman falls asleep over the keyboard,
dreams of a praying mantis
about to devour the male and their offspring.

A cry awakens her.

Agripina

Todas las habitaciones de mi vida
me habrán estrangulado entre sus muros.
   LOUIS ARAGON, *trad.* GABRIEL ALBIAC

Por las noches un inquilino camina descalzo
sobre el suelo de madera del salón.
Cuando estoy dormido descorre las cortinas,
entra por la ventana de la habitación,
enciende las luces, hace Roma de mi casa.

Se mira en el espejo del baño, se siente Agripina,
prueba todas mis colonias.
Cuenta los días que me quedan de alquiler
y por más que actúe con elegancia
al despertar intuyo su rastro.

Y mientras él amontona los libros en el suelo
yo continúo, sin saberlo, con mi rutina de futuros incumplidos
y otra vez vuelve la noche
y otra vez asoma paciente mi inquilino,
mil inquilinos con antorchas
quemando las cortinas, los libros, la madera,
preparando el gran incendio.

Agrippina

All the rooms of my life
would have strangled me between their walls.
   LOUIS ARAGON

At night a tenant walks barefoot
across the wooden floor of my living room.
When I'm asleep he slides back the curtains,
comes in through the room's window,
turns on the lights, makes my house Rome.

He looks at himself in the bathroom mirror, feels like Agrippina,
tests all my colognes.
Counts the days remaining in my lease
and no matter how elegantly he behaves
on waking I can detect his traces.

And while he piles the books on the floor
I continue, without knowing it, with my routine of unfulfilled futures
and again night returns
and again my tenant patiently manifests,
a thousand tenants with torches
burning the curtains, the books, the wood,
preparing for the great blaze.

Museo

Tantos años de historia dividida en dos:
las mujeres siempre abajo,
partiendo el pescado con sus manos rotas, llenas de espinas,
obedeciendo a los mismos jefes, dictadores, reyezuelos,
hombres de corazones negros,
hijos de los mismos padres,
con estómagos salvajes, insaciables.

Y me da rabia imaginar a una niña
que corre feliz por los pasillos de un museo.
En su cuello se tensan los hilos de un lienzo ancestral
sobre el que los hombres exhiben sus retratos
con los colores vivos de la historia.

Y me da rabia imaginar
el olor a pescado en sus manos
cuando, de regreso a casa, me lavo la cara
y me acuesto cómodamente en mi cama imperial.

Museum

So many years of history divided in two:
the women always below,
gutting fish with their hands lacerated, full of spines,
obeying the same bosses, dictators, kinglets,
black-hearted men,
children of those same fathers,
with savage, insatiable bellies.

And I am infuriated to imagine a girl
who skips happily through the halls of a museum.
At her neck the threads of an ancestral canvas tighten,
a canvas where men exhibit their portraits
with the living colors of history.

And I am infuriated to imagine
the smell of fish on her hands
when, back at home, I wash my face
and I lie down comfortably on my imperial bed.

Minotauro, *una digressione*

Las vecinas de mi madre exhiben orgullosas su legado.
De los marcos de las ventanas en cordeles
cuelgan la ropa sucia de sus nietos
como banderas que les recuerdan todo lo conquistado.
Sus trofeos gotean en el patio de mi madre,
son la promesa de una dinastía que no morirá con ellas.

Mi madre, sin embargo, tiene la sangre oculta, las persianas cerradas.
A veces la imagino cansada, escuchando a Battiato,
la imagino tendida y descalza, agarrando mis camisas,
entre las sábanas limpias de mi cama vacía:
hija, madre, huérfana, viuda,
un árbol seco cuyas raíces germinan y mueren en su garganta.

Minotaur, *una digressione*

My mother's neighbors proudly show off their legacies.
From ropes stretching from the window frames
they hang their grandchildren's dirty linen
like flags reminding them of all they've won.
Their trophies drip into my mother's yard,
the promise of a dynasty that won't die with themselves.

My mother, however, has hidden bloodlines, her blinds closed shut.
Sometimes I imagine her tired, listening to Battiato,
I imagine her stretched out barefoot, clutching my shirts,
upon the clean sheets of my empty bed:
daughter, mother, orphan, widow,
a dry tree whose roots sprout and die within her throat.

III. HIJA IMAGINADA

Quedarán siempre las afueras.
Pablo García Casado

Hay algunos
que nacen, otros crecen, otros mueren,
y otros que nacen y no mueren, otros
que sin haber nacido, mueren, y otros
que no nacen ni mueren.
César Vallejo

III. IMAGINED DAUGHTER

The suburbs will always be there.
Pablo García Casado

There are some
who are born, others grow, others die,
and others who are born and don't die, others
who die without having been born, and others
who neither are born nor die.
César Vallejo

Un geranio

Cada vez que vuelvo a casa y me imagino
abrir la puerta, dejar la llave, gritar tu nombre,
cada vez que vuelvo a casa e intuyo el hambre
—otro plato sucio que fregar en la encimera—
me acerco a la ventana, riego mi maceta
y te imagino cuidándola
y te imagino hundiendo los dedos
en las aguas turbias de mis generaciones.

Cuántos mares habría dentro de ti, me pregunto,
cuántos mares.
Nos pareceríamos en la torpeza del gesto,
en la lentitud del paso.
Buscaríamos en el geranio los nombres de los padres
que no existieron.
Inventaríamos así nuestra historia,
llamaríamos pan a la tierra mojada
y ensuciaríamos nuestras manos acariciando las raíces:
un ejército de cuerpos enterrados, invisibles,
que te hacen cosquillas en tus palmas de niña hambrienta
y solo por un instante sentiría que te he salvado.

Pero cada vez que vuelvo a casa y te imagino
y te intuyo
hay un geranio en mi ventana
que se dobla, que me pide agua,
que me recuerda demasiado a la aridez
de dos hombres que se quieren.

A Geranium

Every time I return home and I imagine
opening the door, leaving the key, shouting your name,
every time I return home and sense the hunger
(another dirty plate to wash on the counter)
I approach the window, water my flower pot
and I imagine you taking care of it
and I imagine you sinking your fingers
in the murky waters of my generations.

How many oceans might there be within you, I wonder,
how many seas.
We're alike in the clumsiness of our gestures,
in the slowness of our step.
We'd search in the geranium for the names of the fathers
that never existed.
We'd thus invent our story,
we'd call the wet earth bread
and we'd dirty our hands caressing the roots:
an army of bodies buried, invisible,
which tickle your hungry little-girl palms
and just for an instant you'd feel that I've saved you.

But every time I come home and I imagine you
and I sense you
there is a geranium in my window
folding in on itself, begging me for water,
which reminds me too much of the aridness
of two men who love one another.

Si pudiera hablar de ti

Si pudiera hablar de ti como hablo de mí
te dedicaría un libro entero de poemas hermosos.
Hablaría de tu pelo negro usando las metáforas más cursis:
tu pelo negro que el tiempo quema,
tu primera cana que es plata entre obsidiana,
etcétera.
Debería existir un partido para hombres solteros
que a los treinta solo quieren escribir poemas cursis
para sus hijas de vidrio,
ocuparíamos todas las plazas,
proclamaríamos una huelga general de vientres,
todos los padres,
todas las madres muertas de vida
como yo.

If I Could Speak About You

If I could speak about you the way I speak about myself
I'd dedicate an entire book of lovely poems to you.
I'd speak of your black hair using the tritest of metaphors:
your black hair that time burns,
your first gray hair silver among the obsidian,
etcetera.
There should be some political party for single men
who in their thirties only wish to write clichéd poems
for their glass daughters,
we'd occupy all the plazas,
we'd proclaim a general strike of wombs,
all the parents,
all the mothers dead of life
like I am.

Si mi hija tuviese nombre

Si mi hija tuviese nombre
contaría doscientos seis huesos maltratados
por cada minuto de silencio.

Si mi hija tuviese nombre
vería mujeres pariendo reyes en los cinco idiomas oficiales,
en las esquinas más sucias de toda España,
hombres con barrigas llenas y dientes podridos
que engullen gritos grandes como puños,
que tejen el mundo como arañas,
un orden antiguo en el que mi historia choca por fuerza con la suya.

Si te dejaran tener nombre
verías cómo nos crecen hilos de baba
desde los dientes, desde las manos,
bajo el vestido, en todo el cuerpo.
Viviríamos entre las fauces
de hombres-araña que mastican nuestra carne,
que mastican impacientes nuestra historia
con una voracidad que no se sacia.

Si te dejaran tener nombre, hija mía,
verías mujeres como yo,
mujeres como tú,
enseñando las heridas de tantos hilos en torno al cuello
siempre en los cinco idiomas oficiales,
siempre en las mismas y sucias esquinas,
allí *entre las cosas que no valen.*

If My Daughter Had a Name

If my daughter had a name
she'd count two hundred six abused bones
for every minute of silence.

If my daughter had a name
she'd see women giving birth to kings in five official languages,
on the dirtiest corners of all Spain,
men with full bellies and rotted teeth
who swallow shouts as large as fists,
who knit the world like spiders,
an ancient order in which my history clashes against hers.

If they let you have a name
you'd see how threads of drool grow
from our teeth, from out of our hands,
down the dress, across our entire body.
We would live between the jaws
of men-spiders who chew our flesh,
who impatiently chew our story
with a voracity that doesn't sate them.

If they let you have a name, my daughter,
you'd see women like myself,
women like yourself,
showing the wounds of so many threads around their neck
always in the five official languages,
always on the same dirty corners,
there *among the worthless things*.

Canción a una hija

Mi niña que no es mi niña vive como yo en las afueras,
su cuerpo aún buscando la caída.

Mi niña no tiene tiempo porque tiene hambre,
juega a construir castillos con los huesos que sobraron de la cena
y cuando se aburre cuenta el aire entre sus costillas.

Mi niña que no es mi niña tiene una niña dentro
que le pide a gritos otro nombre,
que le pide a gritos tenerle miedo
a los ruidos que agolpan la madrugada.

Mi niña que no es mi niña no conoce el frío de las tumbas
o si la sábana se enreda en medio de la noche,
solo busca a un padre en la geografía de los desiertos.

Song for a Daughter

My daughter who is not my daughter lives in the suburbs as I do,
her body still searching for the fall.

My daughter doesn't have time because she is hungry,
she plays at building castles with the leftover bones from dinner
and when she's bored she counts the spaces between her ribs.

My daughter who is not my daughter has a daughter inside
who pleads in shouts for another name,
who pleads in shouts that she be afraid
of the sounds that batter midnight.

My daughter who is not my daughter doesn't know the cold of the tombs
or whether the sheets tangle in the middle of the night,
she only searches for a father in the geography of the deserts.

Un padre y su hija en el salón de una casa en las afueras

Te miro a los ojos, pero no me reconoces,
qué larga se te hace la vida en este cuerpo diminuto,
el pelo sucio, igual de sucio que el de tu padre.

Oh, dulce niña con ojos de loba,
me arrancaría la piel para abrigarte,
niña-kalashnikov,
cuántas vidas habitan en tu dedo-gatillo,
en tus dedos que cada noche se alejan de ti para ser de otros.

Oh, dulce niña que aprendiste a decir *horror*,
enséñame la lengua sedienta de palabras,
yo te mostraría las palmas vacías, me arrodillaría ante ti,
niña-diosa, sé que no dispararías.

Sé que no le dispararías a tu padre en una casa en las afueras,
sé que lo tuyo es rabia cuando lloras entre los escombros
cada vez que se derrumba un cuerpo,
cada vez que muere un pájaro, lo sé.
Pensarás que la habitación es demasiado grande,
pensarás que el mundo es una habitación gigante
donde un padre y una hija solos se acarician la barba o el pelo sucio.

Oh, dulce niña, sé que no es odio,
sé que no es odio, es el calor de los desiertos
que te quema las plantas de los pies,
que te deja un frío antiguo en los huesos.
No, dulce niña, niña-lobo, niña-kalashnikov, no dispares,
no dispares,
déjame imaginar que esta casa en las afueras existe para ambos.

A Father and His Daughter in the Living Room of a House in the Suburbs

I look in your eyes, but you don't recognize me,
how long life seems to you in this tiny body,
your dirty hair, just as dirty as your father's.

Oh, sweet girl with a wolf's eyes,
I'd tear my skin off to wrap you in it,
girl-kalashnikov,
how many lives dwell in your finger-trigger,
in your fingers that abandon you every night to belong to others.

Oh, sweet girl who learned to say *horror*,
show me your tongue thirsty for words,
I'll show you my empty palms, I'll kneel before you,
girl-goddess, I know you won't shoot.

I know you won't shoot your father in a house in the suburbs,
I know that it's rage for you when you cry among the rubble
every time a body collapses,
every time a bird dies, I know.
You'll think the room is too big,
you'll think that the world is an enormous room
where a father and a daughter alone caress a beard or dirty hair.

Oh, sweet girl, I know it's not hate,
I know it's not hate, it's the heat of the deserts
that burns the soles of your feet,
that leaves an ancient cold in your bones.
No, sweet girl, girl-wolf, girl-kalashnikov, don't shoot,
don't shoot,
let me imagine that this house in the suburbs exists for both of us.

Desearía por ejemplo que despertaras aquí,
tal vez tú y yo, por ejemplo,
en esta habitación, por ejemplo,
en esta casa en las afueras, por ejemplo.

I might wish for example that you woke here,
perhaps you and I, for example,
in this room, for example,
in this house in the suburbs, for example.

Tanatorio

No es una mujer limpiando una lápida,
sino una madre bañando a su hijo.
    JAVIER FERNÁNDEZ

Cuando exhibís su vestido nuevo, recién lavado,
cuando habláis de su primera palabra, su primer diente,
o dudáis si es mejor darle el pecho o leche en polvo

yo os cogería a todos de la mano,
os llevaría en silencio al velatorio de mi cama,
donde mi hija juega eternamente a hacerse la muerta.
Os mostraría el color de sus ojos fingidos,
su cara hinchada de sueño acumulado,
los dedos arrugados, el pelo limpio,
tras bañarla cada noche con esmero.

Miradme. Yo también soy un buen padre.

Funeral Home

She is not a woman cleaning a tombstone,
but a mother bathing her child.
    JAVIER FERNÁNDEZ

When you each show off their new outfit, newly washed,
when you each speak of their first word, their first tooth,
or you each doubt whether it's better to breastfeed or use formula

I would hold all of your hands,
I would lead you all in silence to the chapel of rest that is my bed,
where my daughter eternally plays dead.
I would show you the color of her feigned eyes,
her face swollen with accumulated sleep,
her wrinkled fingers, her clean hair,
after carefully bathing her every night.

Look at me. I'm also a good father.

IV. CANTOS A UNA CUNA VACÍA

Llora, nena.
Janis Joplin

Io divoro la mia esistenza con un appetito insaziabile.
Come finirà tutto ciò? Lo ignoro.

Yo devoro mi existencia con un apetito insaciable.
¿Cómo acabará todo esto? Lo ignoro.
Pier Paolo Pasolini

IV. SONGS TO AN EMPTY CRIB

Cry, baby.
Janis Joplin

I devour my existence with an insatiable appetite.
How will all of this end? I don't know.
Pier Paolo Pasolini

Una casa más grande

Hablamos de mudarnos,
de pedir por fin una hipoteca
para una casa más grande.
Aquella noche decidimos
dejar de usar preservativos.

Y mientras entrabas dentro de mí,
mientras entrabas,
yo pensé en cuál sería
la habitación de nuestra hija
y apunté en mi cabeza:
comprar uniforme, lápices, cuadernos.

Pero justo entonces sentí un temblor
que me avisaba de que
el último pupitre en el rincón izquierdo del aula
siempre se quedará vacío,
sin que nadie se dé cuenta.

A Larger House

We spoke of moving,
of finally asking for a mortgage
to get a larger house.
That night we decided
to stop using condoms.

And while you entered within me,
while you entered,
I imagined which would be
our daughter's room
and made a list in my head:
buy outfits, pencils, notebooks.

But just then I felt a trembling
that warned me that
the last desk in the class's left corner
would always remain empty,
without anyone realizing it.

Catorce cincuenta y cinco

Trece dieciocho.

Ya no está la niña.

    WISŁAWA SZYMBORSKA, *trad.* ABEL A. MURCIA

Catorce cincuenta y cinco.
El funcionario nos dice: solicitud denegada.
Y te imagino abrazándome en la sala de adopción,
tan pequeña y frágil,
como la idea que se quiebra en el aire denso de este cuarto.

Catorce y cincuenta y seis.
Te imagino cruzando la puerta de casa,
dejando en el suelo un rastro de barro
tan tierno y auténtico
que me arranca una sonrisa estúpida.

Catorce y cincuenta y siete.
Te imagino saltando en nuestra cama,
tan real, tocándonos la cara,
acercando tus ocho años a mis treinta.

Catorce y cincuenta y ocho.
El funcionario apaga el ordenador,
observo la foto de su hija en el escritorio.
Hundo la cabeza en el hombro de mi marido. Bajo la mirada.

Catorce cincuenta y nueve.
Es la hora de volver a casa.

Fourteen Fifty-Five

Thirteen eighteen.
The girl's gone.

    tr. STANISŁAW BARÁNCZAK AND CLARE CAVANAGH

Fourteen fifty-five.
The clerk tells us: request denied.
And I imagine you hugging me in the adoption ward,
so small and fragile,
like the idea that shatters in the dense air of this room.

Fourteen fifty-six.
I imagine you crossing the door to our house,
leaving on the floor a track of mud
so sweet and authentic
it pulls a stupid smile from me.

Fourteen fifty-seven.
I imagine you jumping on our bed,
so real, touching our faces,
bringing your eight years close to my thirty.

Fourteen fifty-eight.
The clerk shuts down his computer,
looks at the photo on his desk of his daughter.
I sink my head onto my husband's shoulder. Lower my gaze.

Fourteen fifty-nine.
It's time to return home.

El prospecto

Usted no puede dar a luz.
Ahora. Ni nunca.
Hágase a la idea.
Usted no puede dar a luz. ¿Acaso no leyó el prospecto?
Le recomiendo que no vuelva a escribir sobre el tema,
podría acabar en depresión.
Considere la opción de un animal doméstico.
Póngale nombre, hágale fotos, súbalas a las redes sociales,
verá cómo crecen los *me gusta* en las publicaciones,
cómo decenas de amigos le alivian su dolor.
No lo olvide: la ciencia es exacta, nunca engaña.
Pero anímese, usted es muy valiente, yo le admiro,
su elección sexual es un acto de resistencia.
Se llora por los muertos, no por los que no han nacido.
No tiene usted motivos para estar triste.

Directions for Use

You can't give birth.
Not now. Or ever.
Get used to the idea.
You can't give birth. Didn't you read the directions for use?
I recommend that you don't write about this subject again,
you could wind up depressed.
Consider the option of getting a pet.
Give it a name, take photos of it, post them on social media,
you'll see how your *likes* take off,
how dozens of friends alleviate your pain.
Don't forget: science is exact, it never fools.
But cheer up, you're very brave, I admire you,
your sexual orientation is an act of resistance.
One cries for the dead, not for those who haven't been born.
You have no reason to be sad.

Éxtasis

He escuchado la palabra *dios* en boca ajena
pero esta vez soy yo quien la pronuncia.
Con la esperanza de un niño abandonado,
me veo sentado en la puerta del convento,
deseando que alguien me coja en brazos
y me meza.

Una monja baja y sube la escalera:
en una bandeja lleva dulces recién horneados
y sonríe cuando pasa junto a mí.

Abstraída no puede ver mis ojos rojos,
no escucha mis plegarias, mi llanto,
murmura en bucle un padrenuestro
mientras sostiene la bandeja como quien lleva una criatura,
con cuidado de no caerse.

Creerá, quizá, que soy un mendigo,
un simple turista o un pobre devoto.
Miro la falda negra que enmarca su vientre
tan frío como el metal que sujeta entre sus manos.
Ella no sabe que en la espalda
guardo el peso de todas mis hijas imaginadas,
no sabe que me acompaña un ejército de huérfanas
que se devoran a sí mismas, no puede vernos.

Yo la miro y pienso en todas las niñas no nacidas,
siglo tras siglo, dando patadas.
Cierro los ojos. Me desnudo en la puerta del convento.
Tengo la urgencia de tocar mi propio vientre.
Siento el milagro, mi abdomen se ensancha generoso.
Ignoro los gritos.

Ecstasy

I've heard the word *god* in others' mouths
but this time I'm the one who says it.
With the hope of an abandoned child,
I see myself seated at the door of the convent,
hoping someone might take me in their arms
and cradle me.

A nun goes down and up the stairs:
she carries freshly baked sweets on a tray
and smiles when she passes beside me.

Absorbed, she can't see my red eyes,
can't hear my entreaties, my wail,
murmuring *ourfathers* in an endless loop
while she holds up the tray like someone carrying a living creature,
careful to not let it fall.

She will think, perhaps, that I'm a beggar,
a mere tourist or someone devout and poor.
I look at the black skirt that frames her womb–
as cold as the metal she holds between her hands.
She doesn't know that on my back
I bear the weight of all my imagined daughters,
she doesn't know that I'm accompanied by an army of orphan girls
who devour themselves, she can't see us.

I look at her and I think of all those unborn girls,
century after century, all kicking.
I close my eyes. I undress in the door of the convent.
I feel the urge to touch my own womb.
I feel the miracle, my abdomen swells generous.
I ignore the shouts.

Aparto la mano que me sacude el hombro y me reclama.
Una masa ajena se hace dentro y crece en el misterio.
Alcanzo el éxtasis.

Mancho la tierra con la semilla última de la esperanza.

I shake off the hand that grips me, calls to me.
A foreign mass forms within and grows in the mystery.
I attain ecstasy.

I stain the earth with the final seed of hope.

NOTES

PAGES 28–29

The epigraph to "I Am the State" ("El Estado soy yo") is translated from the German of Franz Kafka:
  "Eines Morgens aus unruhigen Träumen."

PAGES 30–31

The epigraph to "Agrippina" ("Agripina") is translated from the French of Louis Aragon:
  "Toutes les chambres de ma vie m'auront étranglé de leurs murs."

PAGES 56–57

The epigraph to "Fourteen Fifty-Five" ("Catorce cincuenta y cinco") is translated from the Polish of Wisława Szymborska:
  "Trzynasta osiemnaście. Już nie ma dziewczyny."

ACKNOWLEDGMENTS

Both author and translator are grateful to the following publications and their editors, where some of these poems were first published (sometimes in earlier versions):

Cordite: "If My Father Tells Me," "When I Picked the Wrong Bar," "I Am the State," "Minotaur, *Una Digressione*"

Correspondences: An Anthology of Contemporary Spanish LGBT Poetry (Egales): "Communion," "If My Mother Understood Spanish and Read My Poems," "*E io chi sono?*"

Impossible Archetype: "Agrippina"

Latin American Literature Today: "Blaze," "Pelicans Die of Hunger from Blindness," "Song for a Daughter"

Tupelo Quarterly: "A Father and His Daughter in the Living Room of a House in the Suburbs," "A Larger House"

ABOUT THE AUTHOR

ÁNGELO NÉSTORE (Lecce, Italy, 1986) is a poet, actor, and professor in the Department of Translation and Interpreting of the University of Málaga in Spain. He co-directs both the Irreconciliables International Poetry Festival and the feminist poetry publisher La Señora Dalloway. He has published two poetry collections: *Adán o nada* (Bandaàparte Editores) and *Actos impuros* (Ediciones Hiperión, 32nd Hiperión Poetry Prize). At eighteen, he won the award for Best Male Role in the Vittorio Gassman National Theater Competition in Rome. His most recent theatrical works are a monologue in homage to Gloria Fuertes, *Esto no es un monólogo, es una mujer* (author and director) and the solo piece *Lo inhabitable*, in which poetry, theater and performance comingle. He was recently awarded the Ocaño Prize for his poetic work, at the 21st International LGBT Film Festival of Extremadura. He is also a translator from English and Italian into Spanish, and from Spanish into Italian.

ABOUT THE TRANSLATOR

LAWRENCE SCHIMEL (New York, 1971) is a bilingual author and translator living in Madrid. Writing in both Spanish and English, he has published over one hundred books as author or anthologist, in many different genres. He is also a prolific literary translator, including over thirty poetry collections, most recently *Destruction of the Lover* by Luis Panini (Pleiades Press), *Nothing is Lost: Selected Poems* by Jordi Doce (Shearsman), and *I Offer My Heart as a Target* by Johanny Vázquez Paz (Akashic). His translations of poems appear regularly in journals such as *Modern Poetry in Translation, Words Without Borders, Latin American Literature Today, Pleiades, Tupelo Quarterly*, etc.

ABOUT INDOLENT BOOKS

Founded in 2015, Indolent Books is a nonprofit poetry press based in Brooklyn, with staff working remotely around the country. In our books and on our website, Indolent publishes work by poets and writers who are queer, trans, nonbinary (or gender nonconforming), intersex, women, people of color, people living with HIV, people with histories of addiction, abuse, and other traumatic experiences, and other poets and writers who are underrepresented or marginalized, or whose work has particular relevance to issues of racial, social, economic, and environmental justice. We also focus on poets over 50 without a first book. Indolent is committed to an inclusive workplace. Indolent Books is an imprint of Indolent Arts, a 501(c)(3) charity.

www.ingramcontent.com/pod-product-compliance
Lightning Source LLC
Chambersburg PA
CBHW020634130526
44591CB00043BA/594